羽生结弦

Yuzuru Hanyu

羽生結弦語録
II

无限进化

日本羽生结弦语录 II 编辑委员会 著

虞雪健 译

北京联合出版公司
Beijing United Publishing Co.,Ltd.

羽生结弦 Yuzuru Hanyu

目 录
CONTENTS

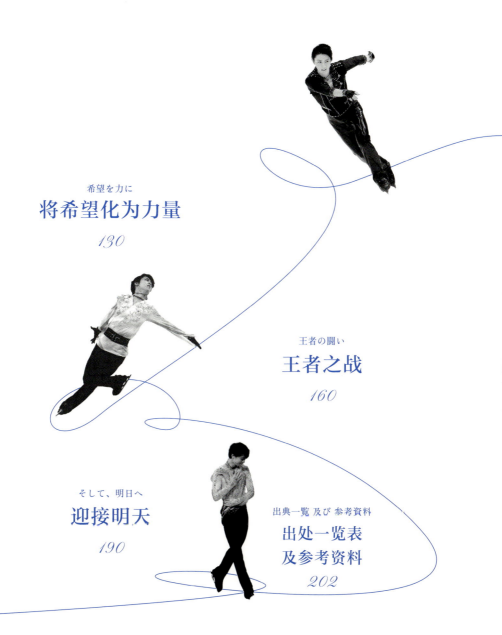

协助　公益财团法人日本滑冰联盟

本书精选了羽生结弦选手在 2015—2016 赛季至 2021—2022 赛季的
新闻发布会、记者现场采访和单人采访中的发言，并制作成语录。

進化への挑戦

挑战进化

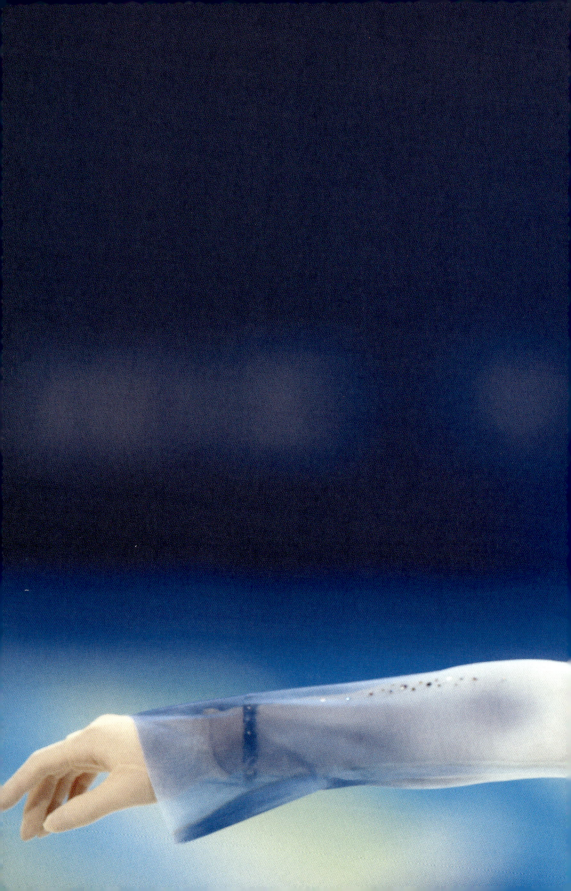

我并没有觉得自己是特别的，也不觉得自己曾经是王者，只是觉得生活中每个人都会不断向自己发起挑战。

尽管羽生结弦拥有众多头衔和荣誉，成为众人瞩目的焦点，但他也能够以普通人的视角和感受来看待事物。他清楚地意识到，自己所做的事情只是恰好"是可以看见的事情，是会被报道的事情"而已。正因为如此，他才会感叹"保护家人也是非常辛苦的""这世上大概不存在任何一件不具备挑战性的事"。这是他在 2022 年 2 月 14 日，也就是北京冬奥会自由滑比赛 4 天后的新闻发布会上的发言。

对追求时间和纪录的竞技运动员来说，他们不得不花费大量的时间和精力与数据交锋。然而，对花滑运动员来说，情况略有不同。他们既是运动员，又是表演者。由于花样滑冰是一项评分类竞技项目，如何"展现魅力"是必须考虑的问题。在2015—2016赛季前，20岁的羽生结弦认为，"漂亮地展现出个性"是自己最需要努力的地方。"我觉得自己在手部动作、手臂的用法以及姿势等方面还有很多不足之处。"

一定要展现自己的个性，
而且要漂亮地展现出来。
而在漂亮地展现这方面，
我觉得自己最为欠缺。

究竟能够将自己的表演演绎到何等境界？究竟能够将每个元素和表现发挥到何等境界？

2015 年 12 月，在西班牙巴塞罗那举行的大奖赛总决赛中，羽生结弦以 330.43 分刷新了自己的世界历史最高分，并在该赛事中获得了三连冠。尽管他的分数超过了 11 月大奖赛系列赛 NHK 杯的 322.40 分，但他表示："在 NHK 杯时直接欢呼'太好了！'，而这次只是觉得还可以。"羽生结弦重视的不只是得分。在强调"拿到世界最高分固然重要"之后，他着重谈到了自己对表演的追求。

从青少年时代开始，我就一直强调"平衡"这个问题，这是最困难的一点，也是我需要克服的"终极课题"。

2016 年 3 月至 4 月举行的世锦赛上，羽生在短节目中获得第一名，但在自由滑中不敌哈维尔·费尔南德兹，总分排名第二。他的心态、技术和身体状态都很不错，他解释自由滑失败的原因是，"训练时过于习惯零失误，因此比赛中的一次失误就导致了全面崩盘"。他回忆说："我有斗志，并且也控制得很好。但身体、头脑和心态之间没有达到一种平衡。"

在索契时，我总是感觉自己必须做这个，必须做那个。但现在我对自己的道路有了明确的认识，知道只要这样做就行，只要那样做就行了。

2017 年 8 月，平昌冬奥会赛季开始前，羽生在加拿大多伦多的公开训练中，被问及在 4 个赛季前的索契冬奥会上，是否也曾想过一定要拿金牌，他回答道："当然。但我觉得，现在我需要追求的东西比那时更多。"四周跳的种类和数量、步法和旋转——只有当所有的技术都达到最高水平时，才能称得上当之无愧的王者。

在进行跳跃、步法和旋转等动作时，最重要的是运用正确的技术，并以高度艺术的形式展现出来。

2018 年平昌冬奥会上夺金后，羽生回到日本参加了日本外国记者俱乐部举行的记者会。当被问及跳跃技术分和艺术分之间的关系时，他回答说："当然，有些运动员认为跳跃动作很重要，并凭借这方面的优势取胜。但我认为，高难度的跳跃固然要表演，而令其升华为艺术的关键在于技术。我希望今后在努力跳出高难度动作的同时，也能跳出让大家觉得有艺术性的动作。"

如果无法获胜的话，一切都没有意义。冬奥会结束后，我内心松懈下来的那股决心又重燃了起来。真希望能尽快变强。

无论获得过多少头衔和荣誉，创造过多少前无古人的最高成就，羽生始终对"下一个目标"孜孜以求。在 2018 年 2 月的平昌冬奥会上卫冕时，他曾表示："我觉得该取得的成绩都取得了，该完成的也都完成了。"但在同年 9 月，以奥运冠军的身份迎来新赛季的他，在第一场比赛——秋季经典赛——中获得冠军，展现了参加下一场比赛——大奖赛系列赛——的斗志。一直以来，他都在为"在最短时间内变得更强"而奋斗着。

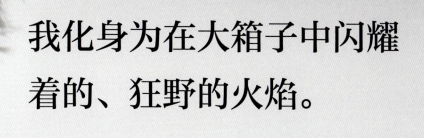

我化身为在大箱子中闪耀着的、狂野的火焰。

以完成阿克塞尔四周跳为目标的羽生因受伤治疗和复健，自
2018年11月起一直未能参赛。2019年3月，回顾那段日子，
他说："虽然有油，也有火，但感觉就像被困在一个小房间里
不停燃烧。"此后，他满怀斗志地参加了世锦赛，并获得了银
牌，总分为300.97分。

绝对不想听到别人说：

"啊，羽生结弦完了。"

2019 年 9 月，在秋季经典赛夺冠后接受采访时，羽生谈及退
役一事。"我可以很清楚地说，我一直以来的想法是，如果要
输的话，还不如索性放弃算了。我绝对不想让大家看到自己丢
脸的样子。"这就是羽生的美学，也是他作为一名花滑运动员
的自尊。作为一个严于律己的人，他希望自己能一直保持强大
而帅气的姿态，华丽地滑到最后。

我很想知道，用数字和数据呈现出来的自己是什么样子。

羽生结弦作为花滑运动员参加过很多比赛，同时也在学习早稻田大学人类科学部的函授课程（e-School），并于 2020 年9 月毕业。他在早稻田大学的简报中提到，自己构建了一个程序，只需输入表演要素，即可自动计算最高得分。他说："我一直在花滑领域努力，但也想看看通过数字和数据呈现出来的自己。数字能够验证感觉的准确性，对比赛也有很大的帮助。"

从某种程度上来说，我觉得生在这里，是一件非常幸运的事情。

把训练基地改到加拿大多伦多后，羽生结弦认真思考过："加拿大和俄罗斯的表现方式完全不同，而作为一个既非加拿大人也非俄罗斯人的亚洲人，又该如何表现呢？"羽生的花滑起点是日本，他跟随日本教练学习花滑，随后前往俄罗斯和加拿大接受训练。"我确实吸收了很多东西，我认为自己是集百家之长的。"这是他在 2017 年的发言。

我希望能做到在训练中没能完成的阿克塞尔四周跳。如果真做到了的话，我还想继续挑战五周跳。

2018 年 2 月的平昌冬奥会上，羽生结弦在男子单人滑项目上实现了时隔 66 年的奥运两连冠。随后，在 4 月举办的日本滑冰联盟杰出选手表彰庆祝会上，他高声宣布了自己的目标。他表示，阿克塞尔四周跳是一个从未有人成功过的挑战，这并非易事，同时，他甚至还表达了挑战五周跳的野心。也许他想要告诉所有人，他要挑战的不仅仅是其他滑冰运动员，更是要努力跨入一个全新的领域。

我内心有一股强烈的渴望：一定要在这个赛季成功完成阿克塞尔四周跳。

尽管期待在索契、平昌之后实现奥运三连冠，但羽生结弦表示，"这次与平昌那个赛季不同，我不像那时那样强烈地渴望金牌"。他常挂在嘴边的是阿克塞尔四周跳。"在本赛季完成阿克塞尔四周跳"这一强烈的渴望成了他的原动力。这是他在2021年7月Dreams on Ice活动第一天的发言。

羽生结弦应该最清楚，他的言论具有多么大的影响力。即便如此，每次比赛前，他仍会说一些积极的话。他多次提到阿克塞尔四周跳是其中一个例子。如果不说出来，也许不会引起这么多人的关注，压力也不会那么大。"正因为如此，我才能始终保持要实现四周跳的决心。之所以不放弃努力，也是因为这些话的影响。"这是他在 2021 年 12 月全日本锦标赛期间的发言。

从某种程度上来说，我说过的话有时会变成楔子，有时则会成为对自己的压力。

如果大家说只有我能够做到，那么去实现它，或许就是我的使命吧。

这是一个从未有人成功过的高难度动作，极具挑战价值。羽生结弦一直冒着受重伤的风险，不断向阿克塞尔四周跳发起挑战。2021 年 12 月，在夺冠的全日本锦标赛的公开练习中，尽管跳跃周数不足，但他第一次在公开场合没有摔倒，成功降落在冰面上，完成了这个动作。这是羽生"坚持一个半小时一直跳阿克塞尔四周跳"的练习换来硕果的瞬间。

说到底，最重要的是自己的内心是否得到满足。

当被问及如果阿克塞尔四周跳挑战成功，是否会退役时，羽生这样回答道："即便说阿克塞尔四周跳成功了，也要看'是怎么完成的''自己是否满意'等因素。虽然我一直以阿克塞尔四周跳为目标，专心训练，但我觉得说到底，'自己的内心是否得到了满足'才是最重要的。"这是他在 2021 年 3 月世锦赛期间的发言。

我希望跳出的是，让所有人都认可这是羽生结弦才能跳出来的动作。

虽然羽生结弦跳出了前无古人的阿克塞尔四周跳，但他的目光并没有停留在简单的成功上。仅仅做到平稳落地，并不足以令他满意。他要跳出让所有人认可的一跳，这是"羽生结弦独有的一跳"。为此，"除了拼命为之努力外，还要从头思考，为了阿克塞尔四周跳，自己能做些什么，从头做起，打造一个全新的阿克塞尔四周跳"。这是他在 2021 年 4 月参加 Stars on Ice 演出时所说的话。

我也曾考虑过"羽生结弦是怎样的人""能做什么""应该做什么"之类的问题。

也许，在与竞争世界的众多巅峰对手进行了数次激烈的交锋后，羽生最终达到的境界是"人·羽生结弦"。在成为花滑运动员之前，羽生首先是一个人，他必须回答一个人生难题，那就是应该如何去生活。而考虑到未来的滑冰生涯，他要思考的则是使命和应为之举。这是他在回顾 2020—2021 赛季时的发言。

也许当下的我才是
最好的我。

2021 年 12 月全日本锦标赛夺冠，确定入选日本国家队参加北京冬奥会后，羽生宣布挑战奥运三连冠。尽管他也曾感到自己"停滞不前"，但他通过自己制定的独特训练方法，成就了"最好的"自己。他解释说，这主要归功于"自己制定的独特训练方法""自己制订计划"，以及"确实执行这些计划"。

試練と成長

試炼与成长

总之，
我始终全力以赴地完成了
那些艰苦的训练。

2015 年 11 月，滑完国际滑联（ISU） 大奖赛系列赛第六站 NHK 杯的短节目后，被问及过去一个月的训练情况时，他这样回答道。在 10 月的国际滑联大奖赛系列赛第二站加拿大花样滑冰大奖赛上，羽生在短节目中排名第六，总成绩排名第二。此后，他修改了节目的构成。在 NHK 杯上，羽生出色地完成了先前的短节目，以世界最高得分 106.33 分排名第一。第二天的自由滑比赛中，再次创下了有史以来的最高得分，最终赢得了冠军。

只是做到了去年无法做到的事情，并不能称之为成长。

2015 年 11 月，参加国际滑联大奖赛系列赛最终站 NHK 杯。羽生在短节目和自由滑中都创下了世界最高得分，并以总分 322.40 的世界最高得分夺冠。彼时，他用自己的话这样激励自己。然而，在取得这一辉煌成绩后，他没有忘记提醒自己："今后，我将面临来自自己得分的压力。这又是一道壁垒，我会努力去超越它。"

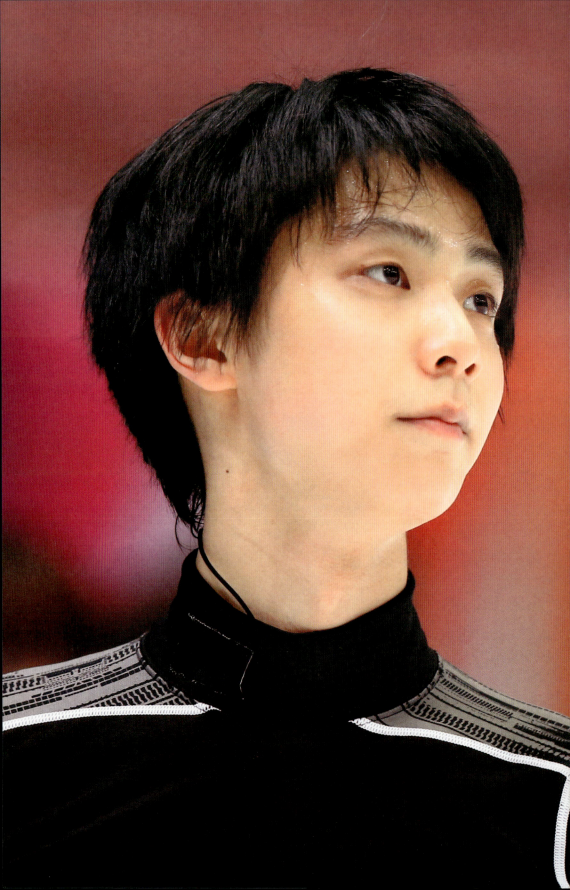

我不清楚。
但正因为不清楚，
所以才有趣。

2015 年 11 月，在国际滑联大奖赛系列赛 NHK 杯最后一天的新闻发布会上，当被问及有什么节目可以超越他自己的得分时，他给出了上述的回答。当时，大家的讨论焦点主要集中在完成几个四周跳上。羽生表示："金博洋选手说四个四周跳就足够了，但我不这么认为。"这番话暗示了他将致力于创造超乎观众想象的节目。

最令我困扰的就是过去的自己。220，330，110。我一直被这些数字困扰着，战战兢兢地走到了今天。

2017 年 3 月至 4 月，芬兰赫尔辛基举行的世界锦标赛上，羽生在短节目中以 98.39 分排名第五，稍显落后。但在随后的自由滑比赛中，他展现了超越自己世界历史最高得分的表演，以 223.20 分逆转夺冠。他曾表示，在与自己在 2015 年世界大奖赛总决赛所创下的（短节目）110.95 分、（自由滑）219.48 分，以及总分 330.43 分对抗时，"无论如何，希望能超过 1 分，哪怕是 0.5 分或 0.1 分也行"。

2019 年 9 月，加拿大秋季经典赛夺冠后的采访中，羽生谈及在多伦多训练基地的生活。他每天都努力兼顾比赛和阿克塞尔四周跳的训练。"实际上，即使狗仔队过来，也不会觉得我的生活有什么有趣的。因为我的日常就是去溜冰场训练，然后回家吃饭，接着是体能锻炼，洗个澡，最后就是睡觉。"

这种感觉就像是
修行僧一样。

我也是人，脆弱时会非常脆弱。

2019 年 11 月，NHK 杯短节目后的新闻发布会上，当被问及为何能有如此强劲的实力时，他坦诚地表达了自己内心的想法，并接着说道："正因为有粉丝们，有那些注视着我滑冰的人，他们期待看到这样的羽生结弦，才让我渴望变得更加强大。"每个人都有自己的脆弱之处，但只要调整好心态，就能将其转化为自身成长的力量。正是如此，羽生才会"渴望变得更加强大"。

我终于能通过身体感觉出，从哪个动作开始状态变差，从哪个动作开始状态变好。

在 2015—2016 赛季开始前的一次采访中，当被问及是否学会了在比赛前调整状态的窍门时，他回答道："说到底，只有自己才能真正了解自己的身体状况，只有自己才知道自己的疲劳程度，也只有自己才知道自己的压力有多大。"因此，无论是在比赛前还是在日常训练中，羽生都会自我追问，并寻找答案。

也许不是通过自我观察，而是通过他人来审视自己，才能发现新的课题。

2015—2016 赛季开始前，当被问及关于竞争对手的问题时，羽生提到了曾与哈维尔·费尔南德兹、陈伟群等世界顶级滑冰选手竞争的经历。他强调了想要夺冠的心态的重要性。"我希望保留与这些选手竞争并最终获得第一的想法。""这或许不是发现课题的契机，但竞争对手就是这样的存在。"

有竞争对手的存在，我才能变得更加强大。只有面对一个令人尊敬的对手，相互激励，我才能从中获得成长。

2012 年，羽生将训练基地改为加拿大多伦多的 Cricket 俱乐部。那里有一位名叫布莱恩·奥瑟的教练，他曾两次在冬奥会上获得银牌。此外，还有一同争夺世界巅峰的哈维尔·费尔南德兹。在同一个溜冰场进行训练的过程中，他们相互激励、竞争，两人都变得更强大了。

我开始担心接下来的一年是否一直不能做跳跃动作、自己是否会一直处于低迷状态。

尽管羽生结弦曾两次获得奥运金牌、两次获得世锦赛冠军、四次获得大奖赛总决赛冠军，但他也曾面临伤病困扰，无法展现出理想的表演。在2016—2017赛季开始前的一次采访中，他透露了这一点。"我每天都坚持着做我认为应该做的事情。尽管并非每分每秒都能做到完美，但我深信滴水穿石，并借此建立自信非常重要。"

抱着不逃避、坚持下去的决心。

当运动员面对困境时，他们真正的价值才会得到验证。有人寻找逃避的途径，而有人则坚定地迎接挑战。羽生显然是属于后者。在回顾 2016—2017 赛季的采访中，他说："我怀着在这个节目中零失误的心情，努力走到了赛季的尽头。"在 2017 年 3 月至 4 月的世锦赛上，他打破了自由滑的历史最高得分纪录，时隔 3 年重新夺回了冠军的宝座。

2017年8月，正值2017—2018赛季前夕，平昌冬奥会即将举办。在加拿大多伦多的公开训练中，羽生结弦谈到了自己在2014年索契冬奥会之后的3年时间里的训练情况。"在这3年里，我进行了各种各样的训练，并进一步提高了各个方面的技巧。从这个意义上说，我感觉自己已经接近了'我滑冰的理想'。"

毫无疑问，在过去的3年里，我比索契冬奥会时期有了明显的成长。

过去，我一直承受着巨大的压力，比如"追求自己的滑冰风格""满足他人的期望"和"取得好成绩"等。

蝉联奥运冠军的羽生结弦在 2018 年 8 月的一次采访中这样说道。他还表示："如今，那种压力已经不存在了。我想，从现在开始，是否可以为了自己而滑冰呢？"他进一步说道："我之所以开始滑冰，是因为滑冰让我感到快乐。回想起那份感受，以及我走过的艰辛之路，我希望能够对自己做一些回报，做一些让自己有更多满足感的事情。"

在回顾 2020—2021 赛季的采访中，当被问及对挑战阿克塞尔四周跳的看法时，他这样说道："这个动作确实非常困难，无论我多么努力练习、多么专注，仍然无法成功。在那些努力没有回报、没有结果的日子里，我一度感到十分沮丧。我从未如此专注于一个跳跃动作，也从未执着到甚至放弃其他一切来全心练习的地步。因此，当一直无法跳好时，我感到了巨大的绝望。"

不知多少次

感到心力交瘁。

（再）**旋转 1/8 圈，
就能站住停下来了。
绝对。
能成功落冰。**

2021 年 3 月，在世锦赛后的在线采访中，羽生结弦这样说道。对已经多次创造史上首次和史上最高得分的他来说，阿克塞尔四周跳是一座难以逾越的高峰。而他正渐渐接近那个无人见过的巅峰。然而，"（还差）1/8"究竟意味着什么，以及克服它有多困难，只有羽生自己知道。

我该如何给予自己"努力的回报"呢?

2021 年 3 月的世锦赛后,羽生结弦提到了自己所面临的极限问题。他表示:"与过去的辉煌相比,如果有人问我'你还能保持吗?',我想说可能会有一些困难。"随后,他引入了一个话题:"但我并没有感觉到'这就是我的极限'。当有可能产生'这是我的极限'的想法时,我会思考如何克服它。""我们必须在不断思考的过程中,利用我们现有的知识和经验,克服当前阶段的心理困境。"

2021 年 12 月，羽生在创造两连冠的全日本锦标赛的自由滑中尝试了阿克塞尔四周跳动作。虽然没有摔倒，但由于旋转周数不足，未被裁判认可。在训练过程中，他"仿佛要豁出性命一般，一次又一次地做着这个动作"。他还说："这是大家对我寄予的梦想。虽然也是为了自己，但我也想为大家实现这个梦想。"

仿佛要豁出性命一般，
一直坚持跳这个动作。

没有人曾经完成这样的跳跃动作，每个人都认为自己无法做到。因此，整个过程就像是在一片漆黑中前行一样，直到最终跳出这个动作之前都是如此。

没有人成功完成过阿克塞尔四周跳，也没有特定的训练方法。为了找到正确的练习方法，羽生一直在不断地试错。"每次头部撞击都会担心自己是否会脑震荡，甚至可能倒下去丧命。"然而，经过如此多的努力，他仍未能成功跳出阿克塞尔四周跳。尽管如此，羽生仍坚定地追求着这个没有人成功过的目标。以上是他在 2021 年 12 月全日本锦标赛期间的发言。

悔しさを超えて

战胜挫败感

我可不甘心了。
心里呼呼冒火。
在熊熊燃烧。

以上是羽生在 2015 年 12 月全日本锦标赛四连冠后的发言。尽管他以将近 20 分的优势击败了第二名，但在自由滑比赛中两次摔倒，这样的表现与羽生平时的水平相去甚远。比赛结束后，他表达了自己的懊悔之情。"简直是一个糟糕的表演。""无论是短节目还是自由滑，都不是完美的，我感到很不甘心。我要认真反省，决不再犯这样的错误。我甚至想明天就开始训练。"

除了失落感，
还有懊悔和悲伤。

2016 年 4 月，世锦赛结束后。羽生虽然在短节目中以较大的
优势领先于其他选手，但在自由滑比赛中被逆转，最终在世锦
赛上连续两个赛季止步于银牌。尽管失败让他感到沮丧，但他
立即表达了积极的态度，这正是他的风格。他表示："作为目
前保持世界纪录的人，我希望成为能够开启更多新篇章的
存在。"

要说有一点点的成就感，也是有的。
懊悔占了 90%，
成就感大约只有 10%。

2016 年 10 月，加拿大花样滑冰大奖赛时。短节目中，他在进行后外结环四周跳等动作时频频失误，排名第四，稍显落后。自由滑比赛中，他成功完成了四个四周跳中的两个，获得最高分 183.41 分，最终总成绩排名第二。对于一个月前在赛季首战——秋季经典赛——上暴露出的体能不足问题，他表示："基本上已经克服了这个问题。"然而，对于出现失误，似乎并非他的初衷。

无限进化

羽生结弦

Yuzuru Hanyu

2016 年 11 月，大奖赛系列第六站 NHK 杯，羽生在短节目中取得了本赛季最高分 103.89 分。自由滑中，尽管在后内结环四周跳组合动作时出现了失误，但他仍获得了 197.58 分，并以总分 301.47 分成功卫冕 NHK 杯冠军。然而，夺冠并没有让他感到喜悦。因为他知道，即使得分超过了 300 分，自己仍然有许多"需要改进"的地方。

我在花滑的表演方面还有很长的路要走，无论是滑行、旋转还是跳跃，都还有进步的空间。我希望能让自己的冰上表演更富有呼吸感。

赛后的大约两周时间里，每个晚上，我都会梦到比赛。在梦里，每次都输掉比赛。

2016 年 3 月至 4 月的世锦赛上，羽生止步于第二名。此后，为了治疗伤病，他进行了近三个星期的完全停训。在此期间，他坦言："果然还是会感到沮丧和失落啊。""每次输了比赛，回到酒店房间就会哭，一直做着那样的梦。"那时，他内心深处的想法是"无论如何都想滑冰，想继续滑冰"。以上是羽生在 2016—2017 赛季前的一次采访中的发言。

下一场比赛，我会完美无误地完成，绝对不会出错。如果不这样的话，就不是羽生结弦了。

以上是 2016 年 10 月，秋季经典赛自由滑后的发言。短节目中，羽生成功完成了国际滑联认可的后外结环四周跳，但他表示："你们可能会感到惊讶，但对我来说这并不重要。"尽管在自由滑中他也完成了后外结环四周跳并夺冠，但他在比赛中有两次摔倒，因此他表达了对下一场比赛的决心："我希望这能够迫使我不断进步，不要说脱下一层皮，十层甚至二十层皮都可以。"

2016 年 10 月，赛季首战秋季经典赛上，羽生尝试了包含四次四周跳的高难度自由滑。尽管最终夺冠，但在跳跃中出现了许多失误，且在后半段逐渐感到体力不支……甚至在演出结束后的一段时间里，他的呼吸一直无法完全恢复平稳。当被问及实际尝试了四次四周跳的感受时，他回答道："确实很辛苦，但是很有趣，真是让人激情澎湃啊！"

我觉得这样的表演很失败，但是这种失败感完全没有给我带来负面情绪。相反，这让我兴奋得不得了。我迫不及待想要去训练。

**我或许是脆弱的，
但这也是羽生结弦。**

2018 年 11 月俄罗斯杯，羽生在自由滑前的公开训练中摔倒受伤，比赛结束后他回忆当时的情况："（在我摔倒的那一刻）我知道事情不妙，所以（在冰上的时候），一直在构思着这里做什么，那里可以做什么。"此后，羽生注射了止痛药，以一种"腿部没有感觉"的状态完成了表演，并成功夺冠。

我只是捡起了 "不安的材料" 罢了。

2019 年 3 月，世锦赛短节目结束后，羽生这样说道。短节目开场的后内结环四周跳变成了两周，以 94.87 分的成绩排名第三。"非常非常懊悔。可（报纸）头版上写着'懊悔'这样的字眼，我也有点不喜欢。"羽生用独特的表达方式表达了他的懊悔之情。但是他立即调整心态，准备应对接下来的自由滑比赛。"这种情况下该怎么办，我早就熟能生巧了。""我想尽我所能、按部就班地做自己该做的事。"

花滑果然是
一门深奥的艺术。

有时候出现了失误，才能重新审视自己。2019年9月的秋季经典赛上，尽管羽生在短节目中以98.38分的成绩排名首位，但在跳后内结环四周跳时摔倒了一次。"我已经参加了近10年的成人组比赛了（苦笑）。我一直以为自己不会在短节目中再失误了。花滑果然是一门深奥的艺术啊！"他坦言，"尽管我在失误后感到焦虑，但之后马上，我成功地摆正了自己的心态。"

以下为 2020 年 12 月，全日本锦标赛短节目后羽生的发言。虽然在短节目中以 103.53 分暂居首位，但在采访中他表达了一些不满："我觉得自己很享受，但从得分来看，这不算是一个出色的演出。"当被问及存在的问题时，羽生回答道："我没有完全发挥出技术分方面的潜力。"在第二天的自由滑比赛中，他获得了 215.83 分，总分达到 319.36 分，成功夺冠。

我的跳跃得分主要还是应该依靠 GOE（执行分）。

2020 年 12 月，全日本锦标赛自由滑比赛后的采访中，羽生展露了他内心的疑问："我开始怀疑'我是不是没有成长''我是不是已经无法战斗了'。我曾有一瞬感到'厌倦了战斗'。"然而，羽生最终选择了继续战斗。这是因为，"我可以随时选择放弃。但是，有很多人不希望我放弃，他们一直支持着我"。

"我是不是没有成长？"
"我是不是已经无法战斗了？"

夺不了冠就不是我自己。
我最不喜欢不能取胜。

2018年11月，在大奖赛第三站芬兰站后的采访中，羽生表示，在9月的秋季经典赛上，他深刻地意识到了自己技术上的不足。在大奖赛芬兰站上，他在短节目中获得了106.69分，自由滑得到了190.43分，总分297.12分，成功夺冠。"如果在比赛中能够呈现出一场出色的演出，虽然在某种意义上并不算是奖励，但能让我感受到自己的努力是值得的。"

"我要赢！"
这句话一直是我钟爱的
口号。

在俄罗斯杯受伤后，经过四个月的休养，羽生参加了 2019 年
3 月的世锦赛比赛。他在短节目中排名第三，随后在自由滑中
获得 206.10 分，最终摘得银牌。"当我看到强大的对手时，
我感到激动、战栗，还有战胜对方的渴望。"通过与世界顶级
选手的竞争与切磋，羽生变得更加强大了。

我希望展现一场
无论对手展现出怎样的
表演，我都能取胜的
出色表演。

2019 年 11 月，大奖赛第六站 NHK 杯中，羽生夺冠，时隔 3 年再次出战大奖赛总决赛。当被问及对于大奖赛总决赛的期望时，羽生表示："我最大的愿望是零失误。""我希望展现一场无论对手展现出怎样的表演，我都能取胜的出色表演。"他继续说道："在四连冠之后，我希望能够创造更多的纪录，以更强大的姿态君临总决赛，再次夺冠。"

五輪連覇

蝉联奥运冠军

我深信，如果不能完成两个四周跳，就很难在比赛中取得胜利。这将成为我在平昌冬奥会之前必须掌握的技巧。作为现任奥运冠军，为了成功卫冕，我必须变得无比强大。

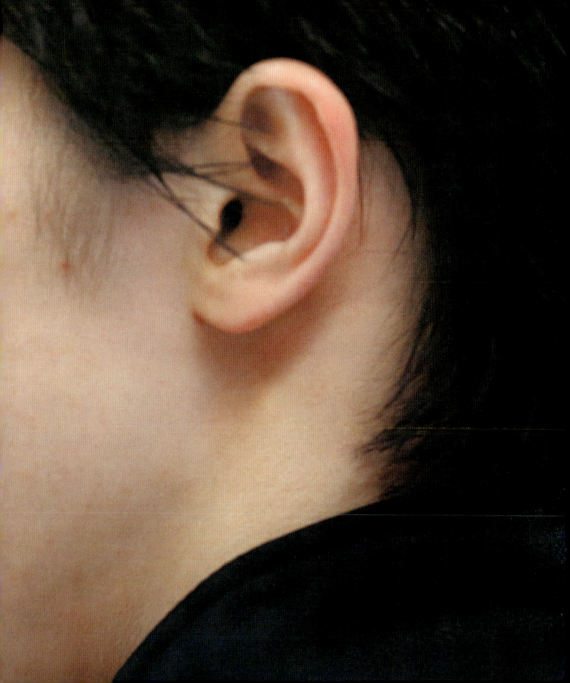

2015 年 11 月，大奖赛最终站 NHK 杯上，羽生在短节目中成功完成两个四周跳，并以 106.33 分（史上最高得分）的成绩位居榜首。这次表演的节目构成挑战了他的最高难度，令其教练布莱恩·奥瑟震惊不已。然而，他成功说服了教练，并勇敢地挑战了这一节目构成。自 2014 年索契冬奥会结束以来，他一直在为 2018 年平昌冬奥会的蝉联冠军做准备，一切早已在稳步推进中。

"坚持到底"
——我会像这样鼓励自己。

在前往平昌冬奥会之前，羽生对自己说了一句"坚持到底"。
这是因为他意识到"无法保证自己不会受伤，即使没有受伤，
也可能会面临疾病或身体不适的情况，但即便如此，'当下'
是不可动摇的，所以希望自己能坚持到底"。羽生对自己下达
了"坚持到底"的命令，并在卫冕后的新闻发布会上写下了"坚
持自我"几个字。他说："只有坚持自我，才绝不至于后悔。"

在我的生命中，没有一样事物不会对我产生影响。

在平昌冬奥会后的新闻发布会上，当被问及是否曾经想向谁学习时，羽生回答说："当然，我受到了很多选手的影响。"他进一步表示："虽然可能听起来有些夸张，但在我的生命中，没有一样事物不会对我产生影响。"他深知，正是因为小时候憧憬的运动员、指导他的老师以及在困难时给予他鼓励的人，才有了今天的羽生结弦。

在我完成那个表演的瞬间，我觉得我赢了。

这是 2018 年 2 月，他在平昌冬奥会自由滑比赛结束后的发言。羽生结弦在短节目中演绎了《第一叙事曲》，获得 111.68 分，在自由滑中演绎了 *SEIMEI*，获得 206.17 分，总得分高达 317.85 分，成功夺得金牌。这场表演的胜利可谓令人叹为观止。"之前的索契冬奥会，自由滑结束后我只觉得不安，'我能赢吗？'。但是这次，我觉得我战胜了自己。"羽生克服了伤病，承受着卫冕的压力，以压倒性的强势实现了夺冠。

我现在心中盘旋的是，那个自幼以来就执着追求的梦想。在我的人生规划中，可以说是终于到达了一个中间点。

这是平昌冬奥会自由滑结束后，羽生在媒体采访区接受采访时的发言。当被问及蝉联两届奥运冠军后，他在职业生涯中所处的位置时，他回答说："这没办法简单地进行比较。"他接着又说："大概处于一个中间位置。"他想对过去那个仰慕叶甫根尼·普鲁申科、渴望获得金牌时的自己说："你终于实现了金牌的梦想，要继续加油努力训练哦。虽然会遇到许多困难，但要坚持不懈！"

我放弃了
许多其他的梦想。

平昌冬奥会后的新闻发布会上，当被问及追逐梦想的动力时，羽生结弦回答说："我觉得那个曾经在心中坚定地说着'一定要做到！'的过去的自己，成为我追逐梦想的动力。所以，尽管有很多诱惑，我也很喜欢棒球。"但羽生仍坚持选择滑冰，这是因为年幼时他就在想："在这种地方就这样结束了，真的甘心吗？"

或许是因为我目前很幸福，所以我总觉得接下来可能会遭遇一些不幸的事情，可能会再次经历困难的时期。

光之所至，影必随之。围绕在羽生身边的荣耀超过任何人。他面对了难以言喻的困难，包括屡次受伤后的康复之痛和获胜后的压力。幸福过后，不幸常接踵而至。每当这种时刻来临时，他总是会想："这只是迈向下一个幸福阶段的一步而已。"这是羽生在 2018 年 2 月平昌冬奥会夺金后所表达的心声。

对我而言，金牌就是金牌。
最重要的是，我认为这是
我在为之牺牲了很多后所
努力赢得的回报。

这是羽生被问及获得冬奥会第 1000 枚金牌的感想时的发言。
对一直追求高目标、专注于花滑的羽生来说，没有比这更闪耀
的奖牌了。他表示："因为我取得了可以一生自豪的成绩，所
以我会以此为荣，并从现在开始充分感受金牌的内涵。"然而，
即使取得了最好的成绩，羽生对自己仍保持着严格的要求。"没
有什么值得赞扬的地方，因为我还有许多不足之处。"

沉甸甸的。

既冰冷又沉重。

平昌冬奥会颁奖仪式后，当被问及金牌的触感时，羽生给出了以上回答。他跳上领奖台时满面笑容。"对我而言，夺取金牌而令国旗在中间升起，虽然这已经是第二次了，但我仍感到无比感慨。这是我人生中感到极度幸福的时刻之一。"他也表达了对那些支持他的人的感激之情："是你们，让我体验到了人生中最幸福的时刻。"

各种疼痛感纷至沓来，坦白说，我有些不明白身体哪里出了问题，问题到底有多严重，以及哪种治疗方法最为适宜。

以上是平昌冬奥会后羽生的发言。羽生在比赛前受了伤的右脚踝并没有完全康复，他只能带着不安的心情参赛。"我很清楚，如果不吃止痛药，根本无法落冰，而且根本不是能跳的状态。"尽管如此，羽生并没有让周围的人察觉到他内心的不安。在媒体和粉丝面前，他一直面带微笑。

我想在世界各地学习各种事物的同时，帮助那些真心追求花滑冠军的人。

在平昌冬奥会后的新闻发布会上，羽生谈到了他竞技生涯结束后的愿望和目标。"我希望能够从事传递自己经验的工作。作为一位为奥运金牌感到骄傲的金牌得主，我希望能在未来的生活中尽职尽责地履行自己的责任。"羽生深知自己能够走到今天，离不开无数粉丝的声援和众人的支持。他清楚自己能做些什么，也知道自己应该朝着怎样的方向前进。——他正不断迈出步伐，朝着这个答案前进。

以前，我会觉得"好孤独啊""啊，没人能理解吧，这种感受"。

在平昌冬奥会后的新闻发布会上，当被问及成为世界冠军所带来的孤独感时，羽生这样回答道。他还说："特别是在上一届冬奥会结束后，得到的祝福越多，就越会思考'我的实际感受究竟是什么呢'。"然而现在，当他听到祝福的话语时，他坦率地表示："还是真挚地接受祝福，自己会感到高兴。我认为这是一种巨大的幸福。"

虽然很多人说我滑冰很厉害，但我要百分之百地否认这一点。

在平昌冬奥会自由滑后的奖牌得主新闻发布会上，羽生与银牌得主宇野昌磨和铜牌得主哈维尔·费尔南德兹一同出席。当被问及其他选手的存在对他产生了怎样的刺激时，羽生回答道："我知道有许多出色的滑冰选手，他们共同构建了花滑的基础。"他继续说道："他们的表演给我留下了深刻的印象，给予了我诸多鼓舞。"

我已经获得了我应该获得的东西，完成了我应该完成的任务，剩下的就是要实现儿时的目标。这不再是梦想，只不过是实现一个目标而已。

只有自己才能实现自己"儿时"的目标。2018年2月，平昌冬奥会上，作为男子花滑选手66年来首次蝉联奥运冠军的羽生结弦这样说道。此时，他或许还没有想到，自己会参加下一届北京冬奥会。在回国后的新闻发布会上，当被问及对未来的期望时，他回答道："我希望尝试更多的挑战，一直演绎出让大家感到幸福、笑容满面的表演。"

因为我的恩师都筑章一郎先生曾说过一句话："阿克塞尔跳是跳跃之王。"

2018 年 2 月，平昌冬奥会后的新闻发布会上，羽生被问及在花滑中是否还有其他想做的事情，他回答道："我想尝试阿克塞尔四周跳。"其中一个理由是，他的恩师都筑教练曾说过"阿克塞尔跳是跳跃之王"。他表示："我很擅长也很喜欢阿克塞尔跳。对此我心存感激，并且希望将阿克塞尔四周跳作为我的奋斗目标。"

我并没有想要放弃滑冰。只是，我的动力仅仅来自完成阿克塞尔四周跳。

都筑章一郎教练的话语一直深深地烙印在羽生心中。通过日复一日的努力，他的阿克塞尔三周跳已被公认为世界最高水平。如今，他已经实现了连续夺冠的奥运壮举，而至今无人能够成功完成的阿克塞尔四周跳，是他目前最大的动力。这是他在2018年2月平昌冬奥会后所表达的想法。

能够带着金牌回到仙台，
对家人说一声
"我回来了"，
实在是太开心了。

这是 2018 年 4 月 22 日，羽生在故乡仙台市举行的庆祝平昌冬奥会金牌和冬奥会两连冠的凯旋游行出发仪式上的发言。羽生一直面带微笑，向沿街的 10.8 万名观众挥手致意。在游行结束后的新闻发布会上，他表示："这是我期待已久的时刻。这几天我感到非常兴奋。平安结束游行时，我更加强烈地意识到我回到仙台来了。这让我再次深刻体会到这枚金牌的重要意义。"

希望を力に

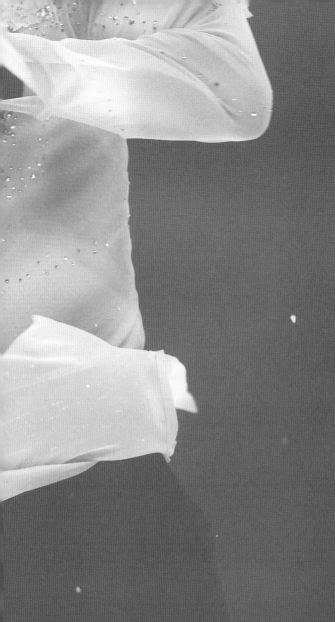

将希望化为力量

我到现在还觉得，没有比那更悲伤的事，没有比那更痛苦的事，没有比那更遗憾的事，也没有比那更不便的事了。

2011 年 3 月 11 日，发生了东日本大地震。羽生的住宅以及他的训练基地——仙台滑冰场——遭受了巨大破坏。他说道："从那之后，不管艰难困苦，我都能够坚持下去。我深信正是那次灾难塑造了现在的我。至今我仍然能够清楚地回忆起那时的情景。"他对东北地区的复兴也怀有强烈的渴望。"我希望我所取得的成绩，能给大家带来鼓励和动力，让大家能继续努力前行。"这是他在 2017 年 8 月的一次采访中表达的观点。

（索契冬奥会时）当我戴着金牌去拜访受灾地区的人们时，看到了许多笑容。这次，我希望能够更自信一些，努力让大家笑得更开怀。

2018 年 2 月，平昌冬奥会蝉联冠军后的新闻发布会上，被问及东日本大地震的事情时，羽生回顾了那段时光。"那段日子真的很艰难。（2014 年的）索契（冬奥会）时，我也曾被问及类似的问题，不知该如何回答。即使现在，我仍然不知道当时的我应该说些什么。"正因为感同身受，羽生才能够真切地关怀受灾地区的人们。

通过冬奥会，通过花滑，我得以与灾区的人们交流、建立联系，也能感受到他们的笑容、挣扎和痛苦。这一切都成了我内心的财富。

这是羽生在东日本大地震发生后的第 10 年的 2021 年 3 月 11 日，通过日本滑冰联盟发表的寄语。在仙台经历了该地震灾害的羽生写道："那天的情景历历在目。就连最近的地震，也能让我回忆起那时的情景。""疼痛让我们意识到伤口的存在，而伤口是那一天确实发生过的证明，是那一天之前的一切都确实发生过的证明。"尽管失去了太多东西，但羽生表示："我一直在朝前看，往前跑。"

我能做什么？
我该怎么做？
我的使命是什么？

这是羽生在 2021 年 3 月 11 日通过日本滑冰联盟发表的寄语。作为一名运动员，同时作为一个人，他一直在思考自己的使命。然而，这种思考也带给他痛苦。"停下来，感受疼痛，感受困难，但生活还是要继续。"他把支持他的人的心意转化为力量！他一边问自己能做些什么，一边坚持战斗了 10 年以上。

我想我确实对滑冰充满热爱。只有通过滑冰，我才能真实地表达自己的情感，尽情地释放内心的情绪。

由于全球范围内肆虐的新型冠状病毒，羽生的活动也受到了限制。他缺席了 2020 年的大奖赛系列赛，加拿大多伦多的训练也无法进行。然而，他坦言："当我同时演绎了《春天，来吧》和《来自俄罗斯的爱》时，我突然意识到，'我确实很热爱滑冰啊'。"这是他在 2020 年 12 月全日本锦标赛上夺冠时说的话。在表演滑"Medalist on Ice"中，他展示了《春天，来吧》这个节目。

这是在 2018—2019 赛季中的发言。在平昌冬奥会上成功实现了两连冠的羽生表示："坦率地说，我觉得自己已经实现了所有的梦想。"在考虑接下来的计划时，他脑海中浮现出了"我想为自己滑冰"的想法。该赛季的短节目《秋日》和自由滑《起源》，羽生分别选择了自小就仰慕的滑冰选手约翰尼·威尔和叶甫根尼·普鲁申科曾经演绎过的曲目。

我想为了自己而滑冰。如果我能进一步释放内心，为了自己而尽情享受滑冰，那就太好了。

在回顾 2020—2021 赛季的采访中，羽生谈到了他的自由滑节目《与天共地》："对我而言，《与天共地》不需要过多的表演，只要展现真实的自我，将其直接演绎出来就可以了。"当被问及 2021—2022 赛季是否考虑尝试新的短节目时，他回答说："这是秘密（笑）。但是，我渴望创造出独特的表演，一种'只有羽生结弦才能展现、表现出来的风格'。"

我渴望创造出独特的表演，一种"只有羽生结弦才能展现、表现出来的风格"。

自从我开始滑冰以来，这是第一个让我如此鲜明地感受到与观众之间联系的节目。我渴望成为大家心目中的摇滚明星。

2016 年 12 月，大奖赛总决赛短节目中，羽生以出色的表现创下了本赛季最高得分 106.53 分，排名第一。他回顾了在普林斯·罗杰斯·内尔森的歌曲 *Let's Go Crazy* 中的表演，表达了上述感受。第二天的自由滑得分为 187.37 分，排名第三。最终，羽生凭借总分 293.90 分夺得冠军，成为花滑单人项目史上首位大奖赛总决赛四连冠的选手。赛后，他表示："我对自己的表演还不满意。自由滑只得了第三名，坦率说，我感到十分遗憾。"

传世之作都是经过反复演绎而成的。我也要不断精进，追求卓越。

2020 年 2 月，四大洲锦标赛上，羽生首次夺得冠军，实现了在青少年组和成人组的主要国际赛事中的超级大满贯壮举。在比赛中，羽生选择了传奇节目《第一叙事曲》和 *SEIMEI*。尽管花样滑冰比赛通常倾向于每年尝试新的节目创作，但羽生表达了他的想法："传世之作都是经过反复演绎而成的，无论是芭蕾舞还是歌剧。因此，我应该也可以尝试同样的方法。"

2019 年 3 月，羽生在世锦赛自由滑表演后发表了以下感言。他在短节目中以 94.87 分排名第三，自由滑以完美的后外结环四周跳开场，最终获得 206.10 分，总分 300.97 分，刷新了赛季最佳成绩。演出结束后，当被问及触冰的问题时，他回答道："因为后外结环跳特别容易落冰不稳，所以当时是怀着'谢谢这里的冰让我的冰刀在落冰后能稳稳刮住直到最后'的心情的。"

进入 6 分钟热身练习的瞬间："谢谢你。最喜欢你了！"想（对冰）说："谢谢你让我在上面完成了跳跃。"

2019 年 4 月，当被问及现在的梦想是什么时，羽生回答说："一年前，我的梦想是完成阿克塞尔四周跳。""但现在对我而言，阿克塞尔四周跳已不再是梦想，而是我渴望牢牢掌握和精通的技巧。"因此，他表示："我现在的梦想是成为第一个在正式比赛中完美完成阿克塞尔四周跳的选手。"对羽生来说，阿克塞尔四周跳已经不再是一个梦想，而是一个需要实现的目标。

想成为第一个在正式比赛中完美完成阿克塞尔四周跳的人。

对于那些渴望赢得眼前比赛并成功完成阿克塞尔四周跳的日子，羽生坦言："我发现这个挑战比我最初想象的更为艰巨，战斗异常艰辛。""我追求的是那些只有我自己的身体才能完成的跳跃，那些只有在我自己的表演中才能展现的跳跃。"这是 2019 年 9 月，他在秋季经典赛中获胜后对于阿克塞尔四周跳的一番感言。

我现在真的觉得我是为了阿克塞尔四周跳而滑冰，也是为此而活着的。

2021 年 3 月，在世锦赛结束后第二天的新闻发布会上，当被问到 2022 年北京冬奥会后是否还会保持现役时，他这样回答道："我现在的感觉是，'我还有很大的进步空间'。"继续滑行，直到成功完成阿克塞尔四周跳，以自己的方式优雅地落冰——这是他表达决心和目标、决定继续保持现役的宣言。

如果无法完成阿克塞尔四周跳，我将一辈子感到遗憾！

每个人都很厉害，都在进步。感觉像是只有我一个人，不断坠入黑暗深渊。

新冠疫情期间，羽生的训练环境发生了剧变。他无法在加拿大多伦多的基地进行训练，也没有教练的陪伴。他被迫独自一人进行战斗。他回忆道："我接收到的信息都是大家很优秀、取得了惊人的进步这一类。有一段时间，我感觉自己就像是一个人孤独地坠入黑暗深渊。我觉得自己已经不行了，筋疲力尽。我曾经考虑过放弃。"以上是他在 2020 年 12 月全日本锦标赛时的发言。

在第三波疫情到来的状态下，我内心也在纠结，是否可以出场比赛。

2020 年 12 月，在全日本锦标赛短节目前一天的公开练习中，羽生这样说道。在疫情不断扩大的情况下，羽生缺席了 2020 年的所有大奖赛系列赛，但他表示："由于这场比赛是世锦赛的选拔赛，为了实现自己的愿望，我决定参赛。"他选择了摇滚曲目 *Let Me Entertain You* 作为新的短节目曲目，原因是："当下世界充满了沉重的话题，我希望能通过我的表演给大家带来一些快乐。"

在这一年里，我一直思考着，即使只有在那一刻，即使在我的演出结束后，哪怕只是短短的 1 秒，只要能给那些（正处于痛苦之中的）人带来一丝活力，那么这一切都是值得的。

2020 年 12 月全日本锦标赛夺冠后的新闻发布会上，羽生被问及对于 2020 年的感受。在这一年中，全球大流行病的影响使得包括 3 月的世锦赛在内的花样滑冰赛事受到了重大冲击。然而，他表示："我认为能够继续滑冰本身就是一种幸运。"出于对那些在疫情中受苦的人以及与疫情做斗争的医疗工作者的关心和支持，他说了上面一番话。

在比赛中获得的成就感，以及正是因为比赛才能克服的痛苦，让我再次感受到我对花滑的热爱。

这是 2020 年 12 月，羽生在夺冠的全日本锦标赛上，于完成自由滑后的发言。他在大赛中还说道："总之，我想在比赛中完成阿克塞尔四周跳。我说过很多次，那是我的终极目标。"此外，他还表示："虽然存在高高的墙，但我不想让它们只存在于幻想中。我一定要亲手去攀越，看看那些没有墙的前方。这就是我在这个世界上继续滑冰的理由吧。"——羽生的战斗将继续下去。

我希望能够将我得到的力量转化为表演，以一种不同的方式回馈给大家。

以上是 2021 年 7 月的 Dreams on Ice 首日羽生的发言。这场冰演对羽生来说，是一次难忘的经历。当被问及为何时隔 6 年再次登场时，他回答道："实际上，我非常想在观众面前滑冰。"他继续说道："从上个赛季开始，每次比赛我都考虑着，通过我的表演是否能对大家有所帮助，是否能让他们感受到我的心意。我希望为了大家，尽我所能地做一些事情。"

这样的情景还能
再看几次呢？

2021—2022 赛季，羽生饱受右脚踝的伤病困扰。他缺席了大奖赛 NHK 杯和俄罗斯杯。不过，在赛季首战——2021 年 12 月的全日本锦标赛上，他以 111.31 分在短节目中获得第一名，以 211.05 分在自由滑中再次获得第一名，成功夺冠。比赛结束后的采访中，当被问及现在的心情时，他回答道："在比赛开始前最后的训练中，我几乎要哭出来了。这样的情景还能再看几次呢？我还想到了一直以来我所做的努力。"

王者の闘い

王者之战

我下定了决心。在我内心深处，已经做好了准备。我决定明确表达我的目标。

2021 年 12 月，全日本锦标赛的公开练习中，羽生结弦表达了他的意愿。因为伤病，他缺席了本应是 2021—2022 赛季的首战 NHK 杯和次战俄罗斯杯。这场全日本锦标赛也是最终选拔赛，决定谁将成为奥运代表。对羽生来说，这是时隔 8 个月的比赛。在此之前，羽生并没有明确表示是否参加北京冬奥会，但在这一天，他首次明确表达了自己参赛的意愿。

奥运会不是一个发表会。对我来说，那是一个"必须获胜的地方"。

2021 年 12 月，羽生结弦在全日本锦标赛上获得冠军，并成功获得参加 2022 年北京冬奥会的资格。在比赛中，他首次展示了短节目《引子与回旋随想曲》，并在自由滑《与天共地》中挑战阿克塞尔四周跳，均展现出了气魄十足的表演。关于参加 2022 年 2 月北京冬奥会，他表示："在参加全日本锦标赛之际，我想的是'不能在这里放弃''我必须带着能出战北京冬奥会的决心参加全日本锦标赛'。"

现下只有我拥有完成花样滑冰男子单人滑三连冠的资格。

在 2014 年的索契冬奥会和 2018 年的平昌冬奥会上获得金牌的羽生表示："那两次夺冠是我从小的梦想，也是我具体的目标。"但王者还有使命感、责任感和自豪感。"我希望延续那个梦想，并以一种与前两次不同的前所未有的强大姿态去追逐梦想。"这是他在 2021 年 12 月全日本锦标赛后参加北京冬奥会代表队选手新闻发布会上的讲话。

我在冬奥会这样的舞台上，感受到了特别的紧张感。

迄今为止，羽生经历过无数磨难，但对他来说，冬奥会具有特殊的意义。2022 年 2 月 7 日，在抵达北京后的首次训练中，羽生接受采访时这样说道。过去的两场奥运会中，"我一直怀着只要充分展现自己在训练中所付出的努力和积累的成果就能获得胜利的信念进行比赛"。然而，北京冬奥会与以往不同，因为"这是一场在我还需要成长的状态下进行的比赛"。

我一定会尽全力争取胜利，包括完成阿克塞尔四周跳在内。

羽生结弦被选为奥运代表队选手，并表示要冲击三连冠。2022年2月3日，羽生结弦在日本滑冰联盟官方推特上表达了对北京冬奥会的热情。羽生结弦立志成为首位经过长期苦练成功完成阿克塞尔四周跳、连续三届冬奥会夺冠的选手。这无疑是一份强有力的宣言。

冰对我有些不友好呢。我在想，是不是我做错了什么。

2022 年 2 月 8 日，在北京冬奥会的短节目中，羽生结弦原本计划的第一个跳跃是后内结环四周跳，由于冰刃卡在冰面的凹陷处，只完成了一个转体，最终以 95.15 分排名第八位。"我以完美的姿态、在完美的时机起跳，可是转瞬间就陷入了凹陷处。"对于两天后的自由滑比赛，他表示："在表演方面，我非常有自信。剩下的只有天知道了。我感受到了大家的关心与支持，同时也希望能向大家展现出完美的演出。"

也许我所付出的努力没有得到回报，最后也只能说一句不尽如人意而已。但是，我已经尽力了，没有比这更加全力以赴的了。

2022年2月10日，在北京冬奥会男子花滑自由滑中，羽生选择了《与天共地》作为他的演绎曲目。在决胜局中，他挑战了阿克塞尔四周跳，却不慎摔倒。自由滑比赛获得188.06分，总分排名第四，无缘奖牌。羽生结弦的跳跃动作虽然被判定为旋转度不足，但在国际滑联公认的大赛上首次被认可为阿克塞尔四周跳。在表演结束后，他表示："这届冬奥会让我充满自豪。"

我必须专注于那个跳跃动作。因此，我所追求的就是尽情地跳，尽情追求更高难度的阿克塞尔，全力以赴地以最快的速度完成它。

羽生"不想输掉自己的跳跃"。他在新闻发布会上透露，自己在自由滑前一天的训练中扭伤了脚踝。"脚踝扭伤的情况比我想象的更严重，如果是普通比赛的话，我肯定会直接放弃。"谈到他挑战的阿克塞尔四周跳，他补充道："从结果来看，我认为我已经达到了那个跳跃的最高点，在某种程度上我是可以接受的。我认为那是一个令人满意的阿克塞尔四周跳。"

虽然我也有一种差一点就成功了的感觉，但我认为我已经成功完成了我自己的阿克塞尔四周跳。

前无古人的阿克塞尔四周跳。直到最后一刻，羽生都在努力实现阿克塞尔四周跳的目标。抱着"一定要旋转到最后"的决心，他起跳的瞬间就有一种成功的预感。"感觉不错，这就是阿克塞尔四周跳的转速啊。"然而，他的身体无法承受如此巨大的冲力，最终摔倒了——尽管如此，他认为"明显比之前的比赛（全日本锦标赛）上的阿克塞尔跳有所进步了"。

HANYU Yuzuru

一直说想跳阿克塞尔四周跳并以它为目标的理由是，在我内心深处有一个9岁的自己，他一直对我说"快跳！"。

2022 年 2 月 14 日，在主媒体中心（MMC）举行的新闻发布会上，聚集了 300 名左右的记者。羽生解释了他挑战阿克塞尔四周跳的原因。他进一步补充道："在练习的时候，（9 岁的自己）一直对我说'你真是笨蛋'这样的话，但这次的阿克塞尔四周跳，我好像得到了一点夸赞。或者说是他愿意和我一起跳了。"羽生还说："我内心 9 岁的自己说'啊，羽生结弦的阿克塞尔原来就是这样的'，他似乎也感到满意了。"

在北京冬奥会上，羽生究竟是与谁在战斗？不是竞争对手，也不是来自蝉联冠军的压力。"在我内心深处，我一直在与9岁的自己战斗。在我内心中存在着一个充满自信的我，就像是自信的集合体一样。我一直能感受到那个时候的自己在对我说：'你还有很长的路要走。'"

尝试在冬奥会这个舞台上挑战阿克塞尔四周跳时，我发现有一部分的自己在说："嘿，太酷了。太酷了。"

2022 年 2 月 14 日，新闻发布会后参加电视节目时，羽生谈到了关于阿克塞尔四周跳的话题，他说："那是我的全部""我一直告诉自己'无论如何都要去完成它'"。最终，他成功完成了阿克塞尔四周跳，并首次获得了认可。"能够跳出不失自尊的阿克塞尔四周跳，我感到非常、非常自豪。"

尽管体验到了再努力也无法实现目标的那种无奈，但我相信仍然存在着一条值得相信、必须勇往直前的道路。

成年后，这次的结果令我领悟到，取得回报并非人生的全部。尽管我没有得到回报，但这种未得到回报的状态也有令我感到幸福的地方。

2022 年 2 月 20 日，北京冬奥会的最后一天，羽生结弦在表演赛后说道："大家对羽生结弦的记忆可能更多与索契冬奥会和平昌冬奥会的成功形象联系在一起。但是，迄今为止，在参加比赛的过程中，我一次又一次经历了内心的低谷。"正因为如此，"我才更想要努力向前迈进，即使只是迈出一小步"。

作为奥运两连冠的得主，
我依然是一位奥运王者。
我为此感到骄傲，也会挺
起胸膛，不让别人指责。
我希望当我回顾今天时，
明天的我能够挺起胸膛，
为自己感到自豪。

北京冬奥会结束后，羽生被问及"此刻内心的思绪"时，他谈到了作为索契冬奥会和平昌冬奥会两连冠得主所承受的巨大压力。他还表示："当然，三连冠已经不可能了，或许算是从重压中解放出来了，但……"接着，他坚定地说出了上面一番话，让我们看到了作为奥运冠军的自豪感。这是他在 2022 年 2 月 14 日的新闻发布会上的发言。

我感到无比幸福，自然而然会滋生出继续滑冰的渴望。

2022 年 2 月 14 日的发布会中，当被问及"这是不是最后一届冬奥会"时，羽生稍做停顿后回答："我不太确定。"他还说："我仍然认为冬奥会是特别的，它是一个哪怕受了伤，都应该站起来迎接挑战的舞台。对花样滑冰选手来说，没有比这更好的地方了。"他继续说道："今后，作为羽生结弦，我希望能够珍惜羽生结弦所热爱的花滑，继续追求极致。"

そして、明日へ

迎接明天

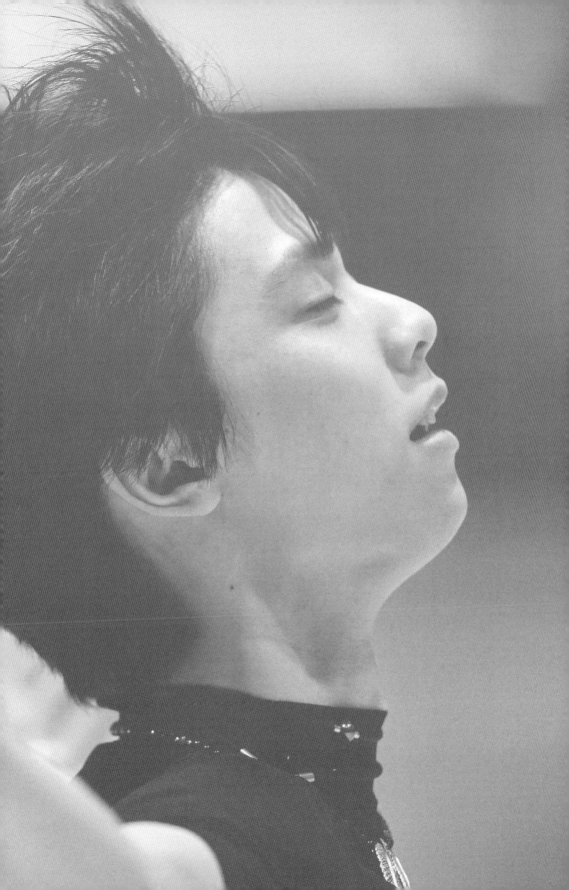

在大家的支持下，
作为羽生结弦，
能够坚持花样滑冰到底，
我感到非常幸福。

2022 年 7 月 19 日的新闻发布会开场时，羽生表达了自己的想法。并不是"已经坚持到底了"，而是"能够坚持到底"，这表达出了羽生坚定的意志。随后，他还坚定地表示："尽管我还有很多不成熟的地方，但作为一名职业运动员，我决定继续前进。"作为一名滑冰选手，这并不是结束，而是新的起点。这些话传达了他的决心。

无论是比赛，
还是结果，
我觉得我该拿到的
都拿到了。

这恐怕是在冬奥会，在世界锦标赛、大奖赛总决赛、四大洲锦标赛等比赛中都赢得金牌的羽生结弦的真实心境。他还提道："对于那些成绩的评价，我或许已经不那么在意了。"在他的职业生涯中，他始终以赢得眼前比赛为目标，没有人能与他并肩。他打算将迄今为止投入到比赛中的所有热情都投入到未来的职业生涯中。

对我来说，
羽生结弦始终是
沉重的负担。

2022 年 7 月 19 日的新闻发布会上，当被问及作为羽生结弦所
面临的困难时，他这样回答。"真的很沉重""因为我非常渴
望自己能变得完美，今后也一直保持完美，成为更好的羽生结
弦"。是自己塑造、磨炼出了（当下的）羽生结弦，正是因为
有这份自信，羽生结弦才会这样说吧。可以肯定的是，他会继
续承受着这份重压坚守下去。

什么时候想过
"转战职业滑冰"？
每场比赛，
每场都在想。

在回答记者关于何时决定转战职业滑冰的问题时，羽生结弦透露，自从平昌冬奥会后，每当比赛结束时，"转战职业滑冰"的念头就会在脑海中闪现。他表示最终的决断是在北京冬奥会结束后做出的。"脚踝康复期间，我疼得无法滑行。这段时间我思考了很多，觉得自己不需要一直留在这个舞台上。我渴望变得更好、更强大，因此做出了这个决定。"

我想要在每一个表演中
全身心地投入，
真正地尽我所能、
全力以赴。

羽生结弦分析自己能够得到支持的理由："我认为，是因为一直在挑战自我，在那种独特的紧张感的状态下表演。"虽然转为职业选手后将不再参加比赛，但他表示："我希望通过一直展示那种只有全力以赴才能带来的紧张感，让观众再次感受到滑冰的乐趣。"虽然没有透露具体的计划，但可以预见他将继续在舞台上呈现令人紧张不已的表演。

在北京冬奥会时，我曾经认为自己没有进一步提升的空间了，但现在我感受到了很大的成长空间。请大家期待我的表现吧。

判断一个运动员何时成长是困难的。同样无法预测的是经验丰富的选手在未来还有多大的成长空间。相信自己潜力的唯有自己。羽生结弦表示："我之所以能取得今天的成绩，是因为我知道应该付出怎样的努力，应该进行何种训练。"了解"如何努力"的羽生结弦还可以做得更好、变得更强。

我会继续挑战包括阿克塞尔四周跳在内的更高难度的表演，今后也会更加努力，争取登上更高的舞台。

羽生结弦的战斗，在转为职业选手之后还将继续进行下去。"我现在也一直在练习阿克塞尔四周跳。"他对挑战北京冬奥会上没能成功的阿克塞尔四周跳充满热情。"哪怕是现阶段，我也感到自己这样可以做得更好、应该那样做才好"，"每天都有新的发现，我对自己未来的进步充满期待和兴奋感"。

我一直以来都努力活得与羽生结弦这个身份相称，今后也希望继续以这个身份活下去。

羽生结弦深知自己得到了许多人的支持，他比任何人都明白其中的珍贵。因此，在 7 月 19 日的新闻发布会上，他说道："对于那些珍惜我、关心我的人，真的、真的非常非常感谢你们。"即使转为职业选手，羽生结弦仍将以羽生结弦的身份继续前进。"我希望在认可自我的同时，继续与自己的弱点和过去的自己战斗，一直滑下去。"

※

此外，还有发言和引号内发言的表达依据引用来源。

羽生结弦选手的发言，以及解说原稿中引号内发言引用自右侧媒体。

【挑战进化】

p4	2022 年 2 月 14 日北京冬奥会 MMC 新闻发布会
p5	《冰上宝石 Vol.01》（舵社）2015 年 10 月 21 日发售 p27
p10	《体育报知》2015 年 12 月 14 日头版
p11	《Number 900 号》（文艺春秋）2016 年 4 月 14 日发售 p19
p14	《KISS & CRY 冰上的美丽勇者们 2017—2018 赛季开始前 羽生结弦选手·多伦多直送便～ Road to GOLD!!!》（东京新闻通讯社）2017 年 8 月 31 日发售 p27
p15	《冰上宝石 Vol.08》（舵社）2018 年 4 月 28 日发售 p103
p16	《花滑男子粉丝手册 Quadruple Axel 2019 激战赛季前特辑》（山与溪谷社）2018 年 12 月 14 日发售 p32
p19	《朝日新闻》东京朝刊 2019 年 3 月 20 日 第 27 版
p20	《花滑日本代表 2019 粉丝手册》（山与溪谷社）2019 年 10 月 7 日发售 p15、16
p22	早稻田大学宣传杂志 CAMPUS NOW 第 237 号，2020 年 10 月 30 日发售 p02
p23	《冰上宝石 Vol.07》（舵社）2017 年 11 月 30 日发售 p42
p24	《花滑男子粉丝手册 Quadruple Axel 2018 奇迹的奥运赛季总集编》（山与溪谷社）2018 年 6 月 14 日发售 p13
p25	《花滑日本代表 2021 粉丝手册》（山与溪谷社）2021 年 9 月 29 日发售 p27
p26	《Number 1043 号》（文艺春秋）2022 年 1 月 7 日发售 p15
p28	《产经体育》2021 年 12 月 24 日 第 24 版
p30	《KISS & CRY 冰上的美丽勇者们 世界团体锦标赛 2021 & 世界锦标赛 2021 全力特辑号～ Road to GOLD!!!》（东京新闻通讯社）2021 年 5 月 17 日发售 p49
p31	《花滑男子粉丝手册 Quadruple Axel 2022 奥运赛季开幕特别篇》（山与溪谷社）2021 年 12 月 21 日发售 p06
p32	《KISS & CRY 冰上的美丽勇者们 2020—2021 赛季总结 & 2021—2022 光之赛季展望号～ Road to GOLD!!!》（东京新闻通讯社）2021 年 6 月 22 日发售 p14
p33	《KISS & CRY 冰上的美丽勇者们 全日本锦标赛 2021 特辑 & 北京冬奥会应援号》（东京新闻通讯社）2022 年 1 月 31 日发售 p31

【试炼与成长】

p38	《产经体育》2015 年 11 月 28 日 第 5 版
p39	《日刊体育》2015 年 11 月 29 日 第 30 版
p44	《日刊体育》2015 年 11 月 30 日 第 3 版
p45	《体育报知》2017 年 4 月 2 日 第 3 版
p48	《花滑日本代表 2019 粉丝手册》（山与溪谷社）2019 年 10 月 7 日发售 p14
p51	《每日新闻数字版》2019 年 11 月 22 日 22 时 53 分发布
p52	《冰上宝石 Vol.01》（舵社）2015 年 10 月 21 日发售 p22
p53	《冰上宝石 Vol.01》（舵社）2015 年 10 月 21 日发售 p24
p54	《Number 900 号》（文艺春秋）2016 年 4 月 14 日发售 p15

【战胜挫败感】

【蝉联奥运冠军】

【将希望化为力量】

羽生结弦

Yuzuru Hanyu，1994 年出生于日本仙台市。4 岁开始滑冰，2008 年在全日本青少年锦标赛上夺冠。2009—2010 赛季连续夺得全日本青少年锦标赛、青少年大奖赛总决赛和世界青少年锦标赛金牌。2010 年进入成人组后，于 2012 年世界锦标赛上成为日本男子花滑史上最年轻的铜牌得主。同年，全日本锦标赛首冠。2013 年，大奖赛总决赛首冠，全日本锦标赛两连冠。2014 年 2 月，索契冬奥会夺冠，不仅在日本引发了关注，还受到了全世界的赞赏。2015 年，以世界最高得分 322.40 分夺得大奖赛系列赛 NHK 杯金牌，以 330.43 分夺得大奖赛总决赛金牌（刷新世界最高得分纪录），全日本锦标赛四连冠。2016 年，大奖赛总决赛四连冠。2018 年 2 月，平昌冬奥会夺冠，成为花滑男子项目 66 年来首位实现奥运两连冠的选手，给全世界带来了深深的感动。2020 年，四大洲锦标赛首冠，实现青少年和成人组所有重要国际比赛超级大满贯。2022 年 2 月，参加北京冬奥会，虽然最终名次为第四，但他挑战前无古人的阿克塞尔四周跳技术的历史性表演将永远留在人们的记忆中。2022 年 7 月 19 日,他决定以职业运动员的身份继续从事花样滑冰事业，并宣布退出竞技比赛。

图书在版编目（CIP）数据

羽生结弦 ：无限进化 ／ 日本羽生结弦语录 II 编辑委员会著 ；虞雪健译 . -- 北京 ：北京联合出版公司，2024 . 10 . -- ISBN 978-7-5596-7877-5

Ⅰ . K833.135.47

中国国家版本馆 CIP 数据核字第 2024F2C039 号

北京市版权局著作权合同登记 图字：01-2024-4488 号

日文版原书名：羽生結弦語録 II
HANYU YUZURU GOROKU II
Copyright © "HANYU YUZURU GOROKU II" HENSYU IINKAI 2022
Copyright © PIA 2022
Edited by PIA Corporation
Original Japanese edition published in Japan in 2022 by PIA Corporation, Tokyo.
This Simplified Chinese language edition is published by arrangement with PIA Corporation, Tokyo.
Simplified Chinese edition copyright © 2024 by Beijing Xiron Culture Group Co., Ltd.

Photo: Aflo Co., Ltd

羽生结弦：无限进化

作　　者：日本羽生结弦语录 II 编辑委员会
译　　者：虞雪健
出 品 人：赵红仕
责任编辑：龚　将

北京联合出版公司出版
（北京市西城区德外大街 83 号楼 9 层　100088）
北京盛通印刷股份有限公司印刷　新华书店经销
字数 70 千字　700 毫米 ×980 毫米　1/16　13.5 印张
2024 年 10 月第 1 版　2024 年 10 月第 1 次印刷
ISBN 978-7-5596-7877-5
定价：75.00 元